BEI GRIN MACHT SICH IHR WISSEN BEZAHLT

AF136283

- Wir veröffentlichen Ihre Hausarbeit, Bachelor- und Masterarbeit

- Ihr eigenes eBook und Buch - weltweit in allen wichtigen Shops

- Verdienen Sie an jedem Verkauf

Jetzt bei www.GRIN.com hochladen und kostenlos publizieren

GRIN ☺

Simon Reimann

Untersuchung des Aufsatzes "Kirchlichkeit, Religiosität und Spiritualität: West- und osteuropäische Gesellschaften in Zeiten religiöser Vielfalt"

GRIN Verlag

Bibliografische Information der Deutschen Nationalbibliothek:

Die Deutsche Bibliothek verzeichnet diese Publikation in der Deutschen National-bibliografie; detaillierte bibliografische Daten sind im Internet über http://dnb.d-nb.de/ abrufbar.

Impressum:

Copyright © 2013 GRIN Verlag GmbH
Druck und Bindung: Books on Demand GmbH, Norderstedt Germany
ISBN: 978-3-656-56537-6

Dieses Buch bei GRIN:

http://www.grin.com/de/e-book/266504/untersuchung-des-aufsatzes-kirchlichkeit-religiositaet-und-spiritualitaet

GRIN - Your knowledge has value

Der GRIN Verlag publiziert seit 1998 wissenschaftliche Arbeiten von Studenten, Hochschullehrern und anderen Akademikern als eBook und gedrucktes Buch. Die Verlagswebsite www.grin.com ist die ideale Plattform zur Veröffentlichung von Hausarbeiten, Abschlussarbeiten, wissenschaftlichen Aufsätzen, Dissertationen und Fachbüchern.

Besuchen Sie uns im Internet:

http://www.grin.com/

http://www.facebook.com/grincom

http://www.twitter.com/grin_com

Inhaltsverzeichnis

Einleitung

In ihrem Aufsatz „Kirchlichkeit, Religiosität und Spiritualität: West- und osteuropäische Gesellschaften in Zeiten religiöser Vielfalt"[1] interpretieren die Autoren Olaf Müller und Detlef Pollack die Daten des Religionsmonitors 2008 der Bertelsmann- Stiftung für ausgewählte Staaten Ost- und Westeuropas. Für Osteuropa sind dies Russland, Polen und Ostdeutschland; für Westeuropa Frankreich, Großbritannien, Italien, Österreich, Westdeutschland und die Schweiz. Empirische Daten aus dem World Economic Forum[2] zu anderen Ländern (Dänemark, Schweden, Spanien, Belgien und die Niederlande) werden ebenfalls herangezogen, um Trends wie die Einstellung gegenüber dem Islam quantifizieren zu können[3].

Den religionssoziologischen Hintergrund des Aufsatzes bildet die Säkularisierungs-debatte: War man anfangs davon ausgegangen, dass die Säkularisierung in den westlichen Staaten ursächlich für den Rückgang von Kirchlichkeit und Religiosität ist, hatten in den 90er Jahren Autoren wie J. Casanova[4] herausgearbeitet, dass dem nicht so ist. Gerade westliche Staaten wie die USA, welche sowohl als hochsäkulär als auch als hochreligiös zu bezeichnen sind, verdeutlichten dies. Auch schien eine zunehmende Pluralisierung am Religionsmarkt ehr die These zu nähren, dass zwar von einem Bedeutungsrückgang der traditionellen Kirchen gesprochen werden kann, sich die Religiosität stattdessen in neuen Formen im privaten Bereich ausbildet. Dies führte Anfang des Jahrtausends zur optimistischen These von einer Wiederkehr[5] bzw. Revitalisierung[6] der Religiosität, welche nicht von einer bloßen Rückkehr traditioneller Religionsformen ausging, sondern eine pluralisierte, private Religiosität vor Augen hatte, und unter dem Namen Individualisierungsthese bekannt wurde.

Die Autoren Müller und Pollack befinden sich sowohl theoretisch wie zeitlich auf der nächsten Stufe der Theoriebildung: Zwar finden sich empirische Beweise für eine

---

[1] Müller, O., Pollack, D.: Kirchlichkeit, Religiosität und Spiritualität: West- und osteuropäische Gesellschaften in Zeiten religiöser Vielfalt. In: Bertelsmann Stiftung (Hrsg.): Woran glaubt die Welt? Analysen und Kommentare zum Religionsmonitor 2008, Gütersloh 2009, S. 411- 430.
[2] World Economic Forum. Islam and the West. Annual report on the State of the Dialogue. Genf 2008.
[3] Müller/Pollack: Kirchlichkeit, S. 419.
[4] Casanova, J.: Public Religions in the modern World. London /Chicago 1994. Diese Schrift wird auch von Müller und Pollack rezipiert. Interessant, da ebenfalls mit einem ähnlichen Vergleich arbeitend, auch der Aufsatz: Religion und Öffentlichkeit. Ein Ost-Westvergleich,Goldmann, C. (Übers.) in: Transit - Europäische Revue 8 (1994), 21-41.
[5] Polak, R.: Religion kehrt wieder. Handlungsoptionen in Kirche und Gesellschaft. Ostfildern 2006.
[6] Graf, F.-W.: Die Wiederkehr der Götter. Religion in der modernen Kultur. München 2004.

weitere Zunahme der religiösen Pluralität und Durchmischung[7], eine Bedeutungs-zunahme privater Religiosität lässt sich jedoch am Datenmaterial nicht erhärten. Die optimistische These von einer Wiederkehr der Religion- egal in welcher Gestalt- bedarf also der Modifikation, welche Müller und Pollack unter anderem in ihrem Aufsatz zu leisten beabsichtigen.

Die vorliegende Arbeit ist die Verschriftlichung eines Referats, weshalb sie dessen Aufbau folgt. Zuerst soll der vorliegende Text und seine zentralen Thesen kurz zusammengefasst und wiedergegeben werden, dann werden die zur Diskussion gestellten Fragen behandelt.

Von diesen betrifft die erste die von den Autoren verwandte Methodik und hinterfragt, ob die zur Untersuchung herangezogenen Kategorien trennscharfe Ergebnisse liefern. Die zweite Frage befasst sich mit einer im Text festgestellten Problematik: Zwar wurde in der Auswertung der Daten des Religionsmonitors eine prinzipielle Offenheit gegenüber anderen Religionen und Weltanschauungen festgestellt, demgegenüber steht jedoch eine hoch ausgeprägte Assimilationserwartung gegenüber Minderheiten seitens der Mehrheit.

Für diese Fragen soll eine kurze Darstellung des Problems vorgenommen, sowie ein Ansatz zur Beschreitung eines möglichen Lösungswegs gegeben werden.

Zusammenfassung und Thesen des Textes

Nach der Einleitung, in welcher der oben zusammengefasste theoretische Hintergrund angeschnitten wird, widmen sich die Autoren dem Phänomen der religiösen Pluralisierung.

Neben neuen Strömungen innerhalb des Christentums, wie Freikirchen, breiten sich auch zunehmend außerreligiöse Phänomene wie New Age und Esoterik aus, so dass von einer Pluralisierung der religiösen Landschaft Europas gesprochen werden kann. Da mit dem Instrumentarium des Religionsmonitors auch die Bedeutung der Religion für die Menschen untersucht werden kann, sollen die Thesen der Privatisierung des Religiösen bzw. der spirituellen Revolution hiermit abgeglichen werden. Dazu wird zwischen

---

[7]Gemeint ist an dieser Stelle vor allem die zunehmende, migrationsbedingte Durchmischung von ehemals stärker räumlich getrennten Religionsgemeinschaften durch Krieg und Verfolgung sowie weltweite Arbeitsmigration.

kirchengebundener und privater Religiosität, sowie zwischen konventionellen und alternativen Formen der Religionspraxis unterschieden, womit neben den institutionellen Formen kirchlicher Religiosität auch die Formen außerkirchlicher Religionspraxis erfasst werden sollen[8].

Zur Messung der traditionellen kirchlichen Religiosität wird die Häufigkeit bzw. Regelmäßigkeit des Kirchbesuchs herangezogen, wobei die Extrempositionen auf der einen Seite von Polen und Italien, auf der anderen von Russland und Ostdeutschland besetzt sind. Außer in Polen (mit 71%)[9] geben nur die Italiener mit mehr als 50% (55%) an, den Gottesdienst monatlich oder öfter zu besuchen. In der Kategorie der äußerlichen Partizipation am Gottesdienst schneidet Russland am schlechtesten ab, als einziges der untersuchten Länder erreicht es mit 9% nur einen einstelligen Wert.

Im nächsten Schritt vergleichen die Autoren diese Daten mit Aussagen zur privaten Religiosität, zuerst mit der Frage nach dem Glauben an Gott. Hier fällt auf, dass in Ostdeutschland (69%) noch wesentlich mehr diese Frage mit „Nein" beantworten, als in Russland (39%)[10], so dass die Charakterisierung Ostdeutschlands als „Extremfall einer Gesellschaft mit weitgehend säkularisierter Bevölkerung"[11] als durchaus zutreffend zu bezeichnen ist.

Die von den Autoren gewählte Gegenüberstellung erlaubt noch eine weitere Beobachtung: Auch in einem Land wie der Schweiz, in dem sich 59% der Befragten als „ziemlich/sehr" gläubig verstehen, motiviert diese Selbsteinschätzung nur schwach zum regelmäßigen Kirchgang, dieser wird nur von 24% praktiziert. Zwar lässt sich für alle Länder der Trend feststellen, das mit steigender Selbstverortung als „ziemlich/sehr gläubig" auch die Häufigkeit des Kirchbesuchs steigt, aber wenn man allein die Spitzenreiter Italien und Polen vergleicht, fällt auf, dass obwohl sich je 81% in die Kategorie der Hochreligiösen einordnen, der Gottesdienstbesuch mit 55% respektive 71% doch recht unterschiedlich besucht wird. Da für diesen Fall als Erklärung nicht einmal konfessionelle Unterschiede geltend gemacht werden können, müssen die Ursachen an anderer Stelle zu finden sein, evtl. in einer unterschiedlichen gesellschaftlichen Partizipationskultur.

---

[8]Müller/Pollack: Kirchlichkeit, S. 412.
[9]Ebd, Tab. 1, S. 414.
[10]Ebd, die Autoren addieren die Werte der Extrempositionen „ziemlich und sehr" sowie „wenig und gar nicht" um zu klareren Aussagen kommen zu können. An dieser Stelle auch auffällig ist, dass die addierten Werte der „ziemlich bis sehr" Gläubigen in Ostdeutschland nur die Hälfte des russischen Wertes erreichen.
[11]Ebd, S. 415.

Generell finden die Autoren für Europa innerhalb der privaten Religiosität den Trend bestätigt, der sich auch aus der Betrachtung des Kirchbesuchs ergibt: Die Zahl der Nicht- Gläubigen ist bis auf die Fälle Polen und Italien höher als die der Gläubigen, und eine Selbstverortung als gläubig führt nicht zwingend zur Teilnahme an institutionellen Formen der Religionsausübung.

Im nächsten Kapitel widmen sich die Autoren der Frage nach dem religiösen Pluralismus und wie diese Entwicklung in den verschiedenen Länder bewertet wird. Hierbei werden zuerst die im Rahmen des Religionsmonitors erhobenen Daten ausgewertet und dann mit anderen Studien [12] verglichen. Aus den Daten des Religionsmonitors ergibt sich „ein beeindruckend klares Bild von Aufgeschlossenheit und Liberalität"[13], lediglich in Russland findet sich mit 46% keine klare Mehrheit für Offenheit und Liberalität. Dies findet aber schnell seine Erklärung darin, dass sich der generelle Trend ausmachen lässt, dass diejenigen, welche sich selbst als „gar nicht religiös" bezeichnen, (anderen) Religionen gegenüber auch weniger aufgeschlossen sind. Diese sind in Russland die Mehrheit, was auch die Werte bei der Frage, ob *jede* Religion einen wahren Kern hat, erklärt: Wer Religion generell ablehnt, ist oft der Meinung, dass *keine* Religion einen wahren Kern hat. Vielleicht ist dieser Nichtreligiöse aber allen Religionen gegenüber soweit aufgeschlossen, dass er jedem seinen Glauben und die Ausübung seiner Religion selbstverständlich zubilligt, seine Antwort würde trotzdem in die Richtung einer Unaufgeschlossenheit gewertet werden. Würde man die Frage so stellen, dass entweder alle Religionen einen richtigen Kern haben oder alle Religionen daneben liegen, dann könnte man die Antworten in der Auswertung so filtern, dass man Religiöse und Nichtreligiöse getrennt nach ihrer Offenheit für andere Weltanschauungen betrachten könnte.

Die Einstellung, nur die eigene Religion habe einen wahren Kern, ist auch unter Hochreligiösen nur selten zu finden, lediglich die (wenigen) Hochreligiösen Großbritanniens bilden hier eine Ausnahme.[14]

---

[12]Hierunter fallen die oben bereits erwähnte Studie des World Economic Forums, und Veröffentlichungen an denen einer oder beide Autoren beteiligt waren: Pollack, D., Pickel, G., Müller, O.: Church and Religion in an enlarged Europe. Cumulated Codebook, Frankfurt/Oder, 2006. Pollack, D.: Die Pluralisierung des Religiösen und ihre religiösen Konsequenzen, in: Gabriel, K., Höhn, H.-J. (Hrsg): Religion heute- öffentlich und politisch. Provokationen, Kontroversen, Perspektiven. Paderborn 2008, S. 9-36. Für den speziellen Fall der Einstellung gegenüber Muslimen: Leibold, J., Kühnel, S.: Islamophobie. Differenzierung tut Not, in: Heitmeyer (Hrsg) W.: Deutsche Zustände, Folge 4. Frankfurt/Main 2006, S. 135- 155.
[13]Pollack/Müller, Kirchlichkeit, S. 417.
[14]Ebd., s.S.

Im nächsten Schritt kontrastieren die Autoren die bekundete Offenheit gegenüber anderen Religionen mit teilweise ausgeprägten Assimilationserwartungen in den einzelnen Ländern, die nicht so recht mit dem vorher gezeichneten Bild von Aufgeschlossenheit und Liberalität zusammenpassen.[15] Als Beispiel dafür wird vor allem die Einstellung gegenüber dem Islam herangezogen, wohingegen im Religionsmonitor nicht die Einstellung gegenüber einer konkreten Religion abgefragt war, sondern eine generelle Haltung gegenüber (anderen) Religionen.

Die nächste behandelte Frage widmet sich der Individualisierungsthese: In welcher Form versuchen die religiös Suchenden, ihre religiösen bzw. spirituellen Bedürfnisse zu stillen? Vielleicht durch „privat komponierte, synkretistische religiöse Patchwork-Identitäten"[16]? Die Befunde deuten in eine andere Richtung: Auch wenn Formen moderner Spiritualität wie Meditation teilweise das traditionelle Gebet begleiten, lehnen die große Mehrheit der religiös Suchenden einen privaten Synkretismus ab. Die Suchbewegung gilt ehr geschlossenen und stimmigen Systemen, Angeboten aus einer Hand sozusagen. Die Annahme, dass jemand, der sich als Hochreligiös versteht, bereits gefunden hat wonach er sucht, scheint allerdings nicht zuzutreffen. Die Gruppe der Hochreligiösen stellt mit Abstand den höchsten Anteil der religiös Suchenden, was auch Länder wie Polen und Italien mit einschliesst. „Bastelreligiosität"[17] wird generell abgelehnt, am stärksten in Italien, was die Autoren als Erbe des Katholizismus interpretieren. Offenheit gegenüber neuen Formen moderner Spiritualität wie Meditation schliesst also die Nähe zu traditioneller Religiosität keineswegs aus, vielmehr scheint mit der Bedeutung der Religion für das eigene Leben auch das Interesse an neuen religiösen oder spirituellen Angeboten zu steigen.

Daran anschliessend suchen die Autoren nach Mustern und Zusammenhängen zwischen Kirchlichkeit und den Ausprägungsformen privater Religiosität. Dass traditionelle private Religiosität, Konfessionszugehörigkeit und Häufigkeit des Kirchgangs positiv miteinander korrelieren[18] kann als Ergebnis nicht überraschen, wohl jedoch, dass die Zuwendung zu alternativen Formen privater Religiosität ebenfalls ehr aus der Nähe zur traditionellen Religiosität erfolgt. Die Astrologie nimmt dabei eine Sonderrolle ein, ihr gegenüber findet aus dem Kontext traditioneller Religiosität heraus keine weitere

---

[15]Wie dies zu erklären ist, wird weiter unten gesondert abgehandelt, weshalb an dieser Stelle nicht näher darauf eingegangen wird.
[16]Pollack/Müller: Kirchlichkeit, S. 420.
[17]Ebd. S. 422.
[18]Ebd., S. 423.

Öffnung statt.[19]

Weiterhin bestätigt die Untersuchung folgende Annahmen: Religiosität, Kirchlichkeit und Spiritualität sind bei Frauen verbreiteter als bei Männern, sowie in der Landbevölkerung, bei Alten und bei weniger Gebildeten verbreiteter als in der Stadt.[20] Konventionelle Religiosität schliesst alternative Religionsformen wie erwähnt ehr ein als aus, was jedoch entscheidend für die individuelle Religiosität ist, scheint die religiöse Sozialisation zu sein. Fehlt diese, besteht weder Offenheit gegenüber alternativen Religionsformen noch Aufgeschlossenheit gegenüber den traditionellen Formen konfessioneller Kirchlichkeit[21]. Auch im Bezug auf diese Fragestellung lassen sich die untersuchten Länder wiederum in drei Gruppen aufteilen. Zuerst Polen und Italien, wo die religiöse Sozialisation bis zum heutigen Tag einen Großteil jeder Generation erreicht. Dann die westeuropäischen Länder, welche von einem Abbruch der religiösen Sozialisation in den 68er Jahren betroffen sind, welcher sich danach von Generation zu Generation wiederholt.[22] Und zum Schluss Russland und Ostdeutschland, wo schon früh von den kommunistischen Machthabern eine repressive Religionspolitik betrieben wurde, deren Folgen im nachhaltigen Traditionsabbruch auch heute noch zu beobachten sind. Da sich dieser Traditionsabbruch zudem von Generation zu Generation weitervermittelt, ist eine radikale Änderung des Status Quo wenig wahrscheinlich. Da fehlende religiöse Sozialisation für die Betroffenen also das komplette Fehlen einer Zugangsmöglichkeit zur religiösen Dimension menschlichen Lebens zu bedeuten scheint, eine insgesamt nicht unproblematische Entwicklung.

Im Fazit grenzen sich die Autoren gegenüber der These von der Rückkehr des Religiösen ab, da die Rede von einer „spirituellen Revolution"[23] zu verfrüht und optimistisch erscheint. Die Daten deuten ehr darauf hin, dass private Religiosität zwar noch erheblich weiter verbreitet ist als institutionelle, dass aber alle Formen der Religiosität von der religiösen Sozialisation abhängig sind. Bei erfolgter religiöser Sozialisation sind die Individuen sowohl im traditionellen Sinn religiöser, als auch alternativen Praktiken gegenüber offener.

Die zu Protokoll gegebene Offenheit für religiösen Pluralismus ist in der Praxis oftmals

---

[19]Generell nimmt die Astrologie eine Sonderrolle ein, sie korreliert negativ mit Alter und Bildung und wird generell wenig rezipiert. Sie scheint somit sowohl als Wissenschaft als auch als religiöses bzw. spirituelles Angebot überholt zu sein.
[20]Müller/Pollack, Kirchlichkeit, S. 424.
[21]Ebd., S. 425.
[22]Ebd., S. 426.
[23]Ebd., S. 428.

abhängig vom konkreten Gegenüber, wobei der Islam besonders kritisch gesehen wird.[24]

Zur Methode: Wie trennscharf ist die Unterteilung in die Kategorien kirchengebundene und private sowie konventionelle und alternative Religiosität?

Die Autoren entwickeln ein Analyseinstrument, mit dem sie zwischen kirchengebundener und privater sowie konventioneller und alternativer Religiosität unterscheiden wollen. Dazu werden zwei Gegensatzpaare gebildet, einmal die kirchengebundene Religiosität, welche ein Gruppenphänomen ist, und die private Religiosität, welche das Individuum, also den Einzelnen betrifft. Auf der anderen Seite stehen konventionelle und alternative Religiosität, welche im Verlauf der Arbeit als individuelle Kategorien gedeutet werden. Also geht es auch bei der kirchengebundenen Religiosität um die individuelle Partizipation am Massenphänomen Kirche, nicht etwa um die Entwicklung[25] kirchlicher Gruppen. Schon hier wird ein Zusammenhang erkennbar, der von vornherein zwingend ist: Wie soll sich konventionelle Religiosität äußern, wenn nicht im Rahmen der Kirche? Diese prägt die *Konventionen* des Glaubens schon vom Wortsinn her, weil sie die *Übereinkunft* der Gläubigen in Glaubensfragen institutionell darstellt. Die Kirche als Institution bildet also die traditionelle Konvention christlichen Glaubens. Von daher ist von der Gegenüberstellung von kirchengebundener Religiosität und konventioneller/alternativer Religiosität wenig zu erwarten: konventionelle Religiosität ist kirchengebunden, und alternative Religiosität zeichnet sich genau dadurch aus, nicht kirchengebunden zu sein. „Kirchengebunden" und „konventionell" können als Synonyme für die traditionelle Form institutionalisierter Religionsausübung gelesen werden.

Von vornherein interessiert zu haben scheint die Autoren hingegen eine unerwartete Entdeckung im Bereich der privaten Religiosität: Im Bereich der privaten Religiosität funktioniert die Entscheidung zwischen konventioneller und alternativer Religiosität nicht nach dem „Entweder- Oder"- Prinzip, sonder ehr im Sinne eines „Sowohl- als auch". Hätte man hier vor allem auf Seiten der konventionellen Religiosität einen

---

[24]Ebd., S. 428.
[25]Gemeint ist hier Wachstum, Bedeutungsverlust oder Gewinn, Präsenz im öffentlichen Raum (die ja auch bei schwindender Teilnehmerzahl zunehmen könnte) etc.

gewissen Dogmatismus und eine prinzipiell ablehnende Haltung gegenüber alternativen Religionsformen erwartet, scheint das Gegenteil der Fall zu sein. Besonders die in ihrem Selbstverständnis als hochreligiös zu Bezeichnenden sind besonders aufgeschlossen und in religiösen Dingen auf der Suche. Für diese Feststellung hätte es aber nicht dieser Gegenüberstellung dieser Begriffspaare bedurft, eine einfache Untersuchung der Ausprägung privater Religiosität in konventioneller und/oder alternativer Form hätte dasselbe Ergebnis geliefert.

Zum Inhalt: Wie plausibel ist die Erklärung für die Spannung zwischen vorhandener Offenheit und weit verbreiteten Assimilationserwartungen gegenüber Minderheitsreligionen?

In ihrem Aufsatz kontrastieren die Autoren die im Religionsmonitor dokumentierte Offenheit gegenüber anderen Religionen mit Daten aus anderen Erhebungen, welche die Einstellung gegenüber dem Islam zum Gegenstand haben. Auch dies Vorgehen ist methodisch nicht unproblematisch, da auf der einen Seite eine generelle Haltung abgefragt wird, auf der anderen Seite eine konkrete Einstellung. Die konkrete Einstellung gegenüber dem Islam in der westlichen Welt ist jedoch ein besonderes Problem. Durch die Geschehnisse um 9/11 herum ist der Islam mit seiner terroristischen Extremposition in den Fokus der medialen Aufmerksamkeit gerückt. Der Islam war in Zeiten unproblematischen Zusammenlebens von der Bevölkerung nur am Rand wahrgenommen worden, es gab (und gibt) in breiten Bevölkerungsschichten kein Wissen um die alltägliche Kultur des Islams, welche als Widerlager gegen das starke Bild islamischer Extremisten in den Medien hätte dienen können. Der bärtige Osama bin Laden mit Kopftuch und Maschinengewehr auf dem Rücken wurde nicht bloß als radikaler Islamist, sondern als archetypischer Moslem wahrgenommen. Vor diesem Hintergrund wurden andere Probleme thematisiert, welche allerdings auch wieder die extremen Randpositionen im Blick hatten, so zum Beispiel die Burka und ähnliche Verschleierungsformen, sowie die Verheiratung teilweise minderjähriger Mädchen gegen ihren erklärten Willen. In dem Maße, in dem das öffentliche Bild des Islam in der westlichen Welt schlechter wurde, kam es auch vermehrt zu Ablehnung, welche den Betroffenen nicht verborgen blieb. Die deshalb einsetzende Gegenkulturbewegung war größtenteils unreflektiert und trug nicht zur Entspannung des Konflikts bei. Nun begann die zwischen Islam und westlicher Öffentlichkeit einsetzende Frontenbildung auch auf Bereiche abzufärben, deren Grundkonflikt nicht unbedingt religiöser Natur ist, so zum Beispiel der Moscheenbau. Jedes Bauprojekt, das nicht binnen zwei Wochen erledigt ist, stößt auf breite Ablehnung der Anwohner, unabhängig davon ob die öffentliche Hand, private Investoren, Handelsketten oder Religionsgemeinschaften zu bauen beabsichtigen. Mit dem öffentlichen Bild des Islams im Rücken gelang es nun allerdings Anwohnergruppierungen, eigentlich Unbeteiligte für ihre Partikularinteressen zu aktivieren. In diesen Stand der Entwicklung hinein[26] wird nun in den verwandten Studien die konkrete Einstellung gegenüber dem Islam erfragt.

Diese wird von Pollack und Müller mit der bekundeten Offenheit für religiöse Pluralisierung kontrastiert, wobei ein weiteres Problem ins Auge fällt. Die Auskunft über die eigene Offenheit ist selbstreferentieller Natur, wobei der Befragte geneigt ist, das Bild von sich zu vermitteln, was sozial erwünscht ist. Da wir in einer demokratischen Kultur leben, in der jedem weltanschauliche und religiöse Freiheiten garantiert werden, ist es sozial in hohem Maße erwünscht, diese Einstellung auch zu verinnerlichen und niemanden aufgrund seiner Hautfarbe, Geschlecht oder Religion zu diskriminieren. Die Antwort auf die Frage nach religiöser Offenheit kann also zu falsch positiven Antworten führen, ohne dass die Befragten bewusst gelogen haben. Die Autoren sehen die Offenheitsbekundungen als durch das Beispiel der Einstellung gegenüber dem Islam als falsifiziert an, was aber nur bedingt plausibel ist. Der Islam ist wie oben ausgeführt das Paradebeispiel einer Religion mit schlechter Presse, und zusätzlich zur religiösen Problematik verläuft auch eine kulturelle Trennlinie zwischen den Lagern[27]. Um ein realistischeres Bild darüber gewinnen zu können, ob die tatsächliche mit der behaupteten Offenheit zusammenfällt, hätte ebenfalls die Haltung gegenüber Religionen bzw. Weltanschauungen verglichen werden müssen, deren Bild in der Öffentlichkeit weniger problematisch ist als das des Islam, also zum Beispiel Freikirchen, Zeugen Jehovas, Hare Krishna, Wicca, Neopaganismus, Humanisten und

---

[26]Die von Pollack und Müller rezipierten bzw. selbst veröffentlichten Studien stammen alle aus den Jahren 2006 und 2008.

[27]Natürlich sind Kultur und Religion nicht trennscharf zu trennen, als Beispiel eines Konfliktes der ehr kultureller Natur ist, aber als religiöse Thematik verhandelt wird sei jedoch die Verschleierungsproblematik genannt. Der Schleier ist eher Teil traditioneller Mode und Vorstellungen, was auch an der regionalen Unterschiedlichkeit seiner Ausführungen erkennbar ist, als dogmatische Forderung islamischen Glaubens. Dazu: Khalifa, Sahar: Wer steckt hinter der Burka? Die Frau, der Islam und der Westen. Goethe Institut, Fikrun wa Fann 2011, unter: http://de.qantara.de/wcsite.php?wc_c=16299&wc_id=16502, Zugriff am 15.1.2013.

Anthroposophen.

Der Umgang mit dem Islam hätte dann besser in der Zusammenschau mit anderen Religionen verglichen werden können. Denn es sei als These gewagt, dass der Islam als Zeiger für die Grenze zwischen Toleranz und Ignoranz zu gebrauchen ist. Wo andere Religionen, wie zum Beispiel die oben erwähnten Wicca und Neopaganisten, auch aufgrund ihrer geringen Zahl und Integration in die „Leitkultur" keine Probleme verursachen und *ignoriert*[28] werden können, zwingt der Islam zur Auseinandersetzung. Ignoranz kann also überall dort stattfinden, wo man sich nicht mit einer Sache beschäftigen muss, weil sie das eigene Leben nicht berührt oder beeinflusst. Zur Toleranz[29] ist man überall dort gezwungen, wo man eine Sache *ertragen* muss, weil sie zwar in das eigene Leben eindringt oder eingreift, aber ihrerseits eine Existenzberechtigung hat, die dazu zwingt diesen Eingriff in bestimmten Umfang zu dulden. Nun wird Toleranz im Sinne der political correctness zwar von Politik und Medien gepredigt, ob das, was davon ankommt, diesen Begriff auch verdient hat, ist allerdings äußerst fraglich. So zeigt auch die Auseinandersetzung mit dem Islam deutliche Züge des Wunsches, in einen gesellschaftlichen Zustand zurückzukehren, in dem man diesen ignorieren konnte. Die zur Toleranz fehlende Bereitschaft, auch eigene Positionen zu relativieren, dokumentieren die Autoren durch den Vergleich mit den anderen Studien. Aus dem Religionsmonitor wäre als Aussage jedoch hauptsächlich abzuleiten, was die Autoren mit „ein beeindruckend klares Bild von Aufgeschlossenheit und Liberalität"[30] umschreiben. Die Befragten verstehen sich als aufgeschlossen und liberal, haben also das gesellschaftliche Leitbild zumindest soweit angenommen und verinnerlicht, dass sie es für sich selbst als wünschenswert erachten und in diesem Sinne antworten. Auch wenn die Realität mit diesem hehren Anspruch nicht überall Schritt halten kann, ist dies dennoch eine positive Aussage, denn wo das Ideal der Aufgeschlossenheit so klar der Mehrheit vor Augen steht, besteht durchaus die Hoffnung, dass die Entwicklung auch in dieselbe Richtung geht.

Wertet man jedoch die im Zusammenhang mit der Assimilationserwartung gegebenen Antworten als relevanter, so ist auch eine deutlich pessimistischere Prognose möglich. In diesem Zusammenhang besonders interessant könnte ein von Olaf Müller an anderer

---

[28]Ignorieren von lat. ignorare: nicht wissen, nicht kennen/wissen wollen.
[29]Toleranz von lat. tolerare: ertragen
[30]Pollack/Müller, Kirchlichkeit, S. 417.

Stelle[31] entwickelter Erklärungsansatz sein. Dieser geht von einer intrinsischen bzw. extrinsischen religiösen Orientierung aus, die Gordon Allport[32] im Anschluss an Theodor W. Adornos These von der autoritären Persönlichkeit[33] entwickelt hat. Diese besagt, dass sich die Motivation für Gläubigkeit in intrinsische Motive wie persönliche Sinnsuche etc. und extrinsische Motive unterscheiden lässt. Extrinsische Motive sind zum Beispiel sozialer Zwang oder der Wunsch, zu einer Gruppe oder der Mehrheit dazuzugehören. Dabei spielen die Inhalte des Glaubens nur eine untergeordnete Rolle, sie werden weniger verstanden, geglaubt und angenommen als wegen ihrer momentanen Brauchbarkeit übernommen. Diese Figur ist es auch, die nach Adorno den autoritären Charakter ausmacht, der eine Ideologie weniger aus Verständnis und Überzeugung vertritt, als aus Opportunismus. Verwendet man diese nicht unproblematische Unterscheidung [34] zur Erklärung von Intoleranz gegenüber Andersdenkenden, ergibt sich folgendes Bild: Die intrinsisch Religiösen sowie die Atheisten sind toleranter als der Durchschnitt[35]. Am intolerantesten sind die jeweiligen Mischtypen, auf Seiten der Religiösen diejenigen, welche sowohl intrinsische als auch extrinsische Motive in sich vereinen, auf der anderen Seite diejenigen, welche sich als Indifferent oder als Skeptiker betrachten. Der Atheist ist nach diesem Modell also der intrinsisch Nicht- Gläubige, welcher sich mit dem Thema auseinandergesetzt und dagegen entschieden hat. Die jeweiligen Mischtypen hängen dem übergeordneten Überzeugungssytem aus prinzipiell extrinsischen Gründen an, haben jedoch einige Überzeugungen unreflektiert verinnerlicht und nutzen diese, um die eigene Zugehörigkeit durch starke Ausgrenzung aller Nicht- Dazugehörenden zu demonstrieren. Diese Figur beschreibt Allport als „undifferenziertes Denken"[36], welche beschreiben hilft, warum das überzeugte Vertreten einer religiösen oder weltanschaulichen Position nicht zwangsläufig dazu führt, dass jemand diese anderen aufzuzwingen versucht: Die intrinsisch Religiösen und Atheisten waren stärker bereit, andere Überzeugungen gelten zu lassen.

---

[31]Müller, O.: Glaube versus Atheismus? Individuelle religiöse Orientierungen in Mittel- und Osteuropa, in: Gärtner, C., Pollack, D., Wohlrab- Sahr, M. (Hrsg.): Atheismus und religiöse Indifferenz. Opladen 2003, S. 171- 196.
[32]Allport, G.W.: Religion and prejudice, in: Crane Review 2, 1959, S. 1- 10.
[33] Adorno, Th. W.: Studien zum autoritären Charakter. Frankfurt/M, 1973.
[34]Mit der Unterscheidung in intrinsisch/extrinsisch ist zugleich auch ein Werturteil verbunden, nach dem nur die intrinsisch Motivierten als „gute" Gläubige dargestellt werden.
[35]Müller, Glaube, S. 190.
[36]Allport, G.W., Ross, J.M.: Personal Religious Orientation and Prejudice, in: Journal of Personality Personality and Social Psychology 5, 1967, S. 432- 443.

Vielmehr scheint eine generelle persönliche Unsicherheit, die aus einer mangelnden Verarbeitung von Kontingenzproblemen und einem starken Zugehörigkeitsbedürfnis resultiert, durch die rigide Abwehr von Fremdem weitere Unsicherheiten vermeiden zu wollen.[37]

Die Haltung gegenüber dem Islam, welche mit den Befunden des Religionsmonitors verglichen wurde, könnte mit der Ausbreitung undifferenzierten Denkens erklärt werden, wenn man die im Religionsmonitor erhobenen Daten in Richtung intrinsische/ extrinsische Religiosität auswertet.[38] Die Verwendung dieses Erklärungsmodells hätte weiterhin den Vorteil, beide Verhaltensweisen, das Behaupten von Offenheit und Liberalität sowie das Formulieren einer ausgeprägten Assimilationserwartung, erklären zu können. Offenheit und Liberalität werden behauptet, weil sie sozial erwünschte Kategorien sind, und man sich mit ihrer Postulierung sicher im Mainstream positiv bewerteter Verhaltensweisen weiß. Gleichzeitig wird die Assimilationserwartung stark gemacht, weil in der Ablehnung des Anderen, Fremden die eigene Gruppenidentität, derer man sich sonst nur diffus bewusst ist, besonders deutlich Kontur gewinnt.

Da O. Müller als einer der beteiligten Autoren das „undifferenzierte Denken" an anderer Stelle[39] schon als Erklärungsmodell nutzt, bleibt es rätselhaft, warum diese These in der Auswertung des Religionsmonitors nicht zur Erklärung des Widerspruchs zwischen behaupteter Offenheit und Assimilationserwartung genutzt wird.

Schluss

Die Autoren Müller und Pollack liefern in ihrer Analyse der Daten des Religions- monitors für West- und Osteuropa eine Überprüfung von Säkularisierungs- bzw. Individualisierungsthese an der Praxis. War schon früher, u.a. durch die Arbeiten von Casanova, klar geworden, dass die Säkularisierungsthese in ihrer einfachsten Form nicht aufzugehen scheint, war die Individualisierungsthese auch aufgrund fehlender Daten schwerer zu überprüfen. Zudem ist es methodisch schwieriger, aus Erhebungen,

---

[37]Müller, Glaube, S. 190f.

[38]Schon bei Allport wird als Hauptkriterium für die intrinsische Ausprägung der Religion die Bedeutung der religiösen Überzeugungen für die gesamte Lebensführung gesehen, eine Kategorie, die auch im Religionsmonitor abgefragt wird.

[39]Gemeint ist hier der Aufsatz Glaube vs. Atheismus, welcher zudem zeitlich vor der Arbeit am Religionsmonitor zu verorten ist.

Aussagen und Interviews auf die Bedeutung und Ausprägung der individuellen Religiosität zu schliessen, als durch Auszählung der Gottesdienstteilnehmer die Partizipation an institutionellen Formen traditioneller Religiosität hochzurechnen. Aussagen zur Individualisierungsthese sind also schwieriger zu treffen, weil ein diversifizierteres Feld im Fokus steht. Es scheint jedoch zuzutreffen, dass die optimistische These von der Rückkehr des Religiösen in anderer Form verfrüht war, und der Bedeutungsrückgang der traditionellen und institutionalisierten Religiosität nicht durch ein entsprechendes Anwachsen der privaten Religiosität kompensiert wird.

Klar herausgearbeitet wird im Laufe der Arbeit von den Autoren die immense Bedeutung religiöser Sozialisation sowohl für die institutionelle Religiosität als auch für die verschiedenen Formen privater Religiosität bzw. Spiritualität. Wird nicht im Rahmen familiärer Sozialisation und institutioneller Traditionsweitergabe schon früh ein Grundstein gelegt, fehlt den Betroffenen später die Zugangsmöglichkeit zu jeder Ausprägung der religiösen Dimension. Im Vergleich der Gesellschaften Ost- und Westeuropas werden Unterschiede und Gemeinsamkeiten in der Bedrohung der Religiosität durch verschiedene Formen und Ursachen des Traditionsabbruchs ersichtlich. So stehen mit Russland und Ostdeutschland die Länder im Vergleich, in denen durch politischen Druck und Repressionen der Traditionsabbruch von außen und planvoll herbeigeführt wurde. Dieses Muster hat sich über zwei bis vier Generationen fortgesetzt und zur Entkonfessionalisierung der breiten Mehrheit geführt, wobei auch der Zusammenbruch des Ostblocks nicht zum Wiederaufleben der Tradition führte.

Auf Seiten des Westblocks waren es mehr die Entwicklungen im Zusammenhang mit der 68er- Bewegung, die zum Zusammenbruch religiöser Sozialisationsmuster führten. Hier war die Entwicklung stärker im Zusammenhang mit der Etablierung persönlicher Freiheiten und dem Unabhängigkeitsstreben des Individuums verbunden.

Mit Polen und Italien stehen aber auf jeder Seite des ehemaligen Eisernen Vorhangs auch Beispiele dafür, dass erfolgte religiöse Sozialisation den Bestand religiöser Traditionen und die Entfaltungsmöglichkeiten privater Religiosität sowohl gegen innere als auch gegen äußere Widerstände sichern kann.

Weiterhin zu beachten ist, dass durch fehlende religiöse Sozialisation sich die religiöse Dimension nicht nur einfach nicht entfaltet. Wäre dem so, könnte man allen Atheisten und Säkularisierern recht geben, die das Verschwinden der religiösen Dimension als ein Problem weniger begrüßen würden, welches die Menschheit hat.

Vielmehr scheint es so, dass das Ausklammern der religiösen Dimension den Menschen die Möglichkeit zum adäquaten Umgang mit Kontingenz genommen hat. Vor diesem Hintergrund wäre es interessant, die Entwicklung des Markts psychologischer Ratgeber und Dienstleistungen zu betrachten, welcher im Zuge der Säkularisierung ehemals seelsorglichen Problemen nun auf weltliche Art zu begegnen versucht.

Literaturverzeichnis

Adorno, Th. W.: Studien zum autoritären Charakter. Frankfurt/M, 1973.

Allport, G.W.: Religion and prejudice, in: Crane Review 2, 1959, S. 1- 10.

Allport, G.W., Ross, J.M.: Personal Religious Orientation and Prejudice, in: Journal of Personality ind Social Psychology 5, 1967, S. 432- 443.

Casanova, J.: Public Religions in the modern World. London /Chicago 1994.

Casanova, J.: Religion und Öffentlichkeit. Ein Ost-Westvergleich; Goldmann, C. (Übers.) in: Transit - Europäische Revue 8, 1994, S. 21-41.

Graf, F.-W.: Die Wiederkehr der Götter. Religion in der modernen Kultur. München 2004.

Khalifa, Sahar: Wer steckt hinter der Burka? Die Frau, der Islam und der Westen. Goethe Institut, Fikrun wa Fann 2011, unter: http://de.qantara.de/wcsite.php?wc_c=16299&wc_id=16502, Zugriff am 15.1.2013.

Leibold, J., Kühnel, S.: Islamophobie. Differenzierung tut Not, in: Heitmeyer (Hrsg) W.: Deutsche Zustände, Folge 4. Frankfurt/Main 2006, S. 135- 155.

Müller, O., Pollack, D.: Kirchlichkeit, Religiosität und Spiritualität: West- und osteuropäische Gesellschaften in Zeiten religiöser Vielfalt. In: Bertelsmann Stiftung (Hrsg.): Woran glaubt die Welt? Analysen und Kommentare zum Religionsmonitor 2008, Gütersloh, 2009, S. 411- 430.

Müller, O.: Glaube versus Atheismus? Individuelle religiöse Orientierungen in Mittel- und Osteuropa, in: Gärtner, C., Pollack, D., Wohlrab- Sahr, M. (Hrsg.): Atheismus und religiöse Indifferenz. Opladen 2003, S. 171- 196.

Pollack, D., Pickel, G., Müller, O.: Church and Religion in an enlarged Europe. Cumulated Codebook, Frankfurt/Oder, 2006.

Pollack, D.: Die Pluralisierung des Religiösen und ihre religiösen Konsequenzen, in: Gabriel, K., Höhn, H.-J. (Hrsg): Religion heute- öffentlich und politisch. Provokationen, Kontroversen, Perspektiven. Paderborn 2008, S. 9-36.

Polak, R.: Religion kehrt wieder. Handlungsoptionen in Kirche und Gesellschaft. Ostfildern 2006.

World Economic Forum. Islam and the West. Annual report on the State of the Dialogue. Genf 2008.